I CAN READ HEBREW

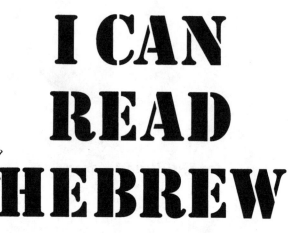

PRIMER REINFORCEMENT

by Ruby G. Strauss

and Ahuva Schuller

Illustrations by Jana Paiss

Behrman House, Inc.

for Gallit and Keren

ISBN: 0-87441-358-3

MANUFACTURED IN THE UNITED STATES OF AMERICA

PRACTICE YOUR HEBREW READING

READING SPEEDOMETER

MEDIUM
SLOW
FAST

How fast did you read?
Draw in the arrow.

1 תַּתָּ תּוֹתוֹ תֵּתֵּ תּוֹת

2 תַּת תָּת תֵּת תּוֹ

3 תֵּתֵּ תֵּתוֹ תֵּתָתֵ תּוֹתּוֹת

4 שַׁשֵׁ שֵׁשׁ שׁוֹשָׁ שׁוֹשׁ

5 שַׁתּ שַׁתַּ שׁוֹתָ תַּשׁ

6 תֵּשָׁ תּוֹשׁ תָּשֵׁשׁ שֵׁשֵׁת

7 רַרוֹ רֵרָ רוֹרוֹ רַרָ

8 תָּר שָׁר תּוֹר תּוֹרָ תּוֹרָתוֹ

9 שֵׁרוֹת תֵּרוֹשׁ רֵשֵׁת שָׁתֵר רוֹשֵׁשׁ

PRACTICE . . . PRACTICE . . . PRACTICE!

1 דַדוֹ דֵדָ דַד דוֹד
2 דוֹדָ דוֹר דוֹרוֹ דָתוֹ
3 תּוֹדָ רֵדֵת שֵׁדֵר תֵּרֵד דָרַשׁ

4 לַלוֹ לֵלָ לֵל לוֹל
5 לָתֵת תֵּלֵד תָּלַשׁ שָׁלוֹשׁ
6 לוֹד דַלֵל שֵׁלֵד דֵלֵת שָׁלוֹל

READING SPEEDOMETER
SLOW
MEDIUM
FAST

PRACTICE YOUR HEBREW LETTERS

תּ תּ תּ תּ תּ

שׁ שׁ שׁ שׁ שׁ שׁ שׁ

ר ר ר ר

ד ד ד ד

ל ל ל ל ל ל

תּוֹרָתוֹ

דוֹלָר

שָׁרֵת

דָרַשׁ

HEBREW SOUNDS

Read the English sound in the box.
Circle the Hebrew letter that makes that sound.
The first line is done for you.

SH	שַׁר	רֵשׁ	דָּרַשׁ	שֵׁרַת
D	דַּת	דּוֹר	תּוֹדָ	דַּל
T	רָתָּ	תּוֹרָ	תָּרֵ	שָׁת
L	שָׁל	לוֹת	לָשׁ	דּוֹלָר
R	רָת	תּוֹר	דָּרַשׁ	דּוֹר

Make the English letter say the Hebrew sound.

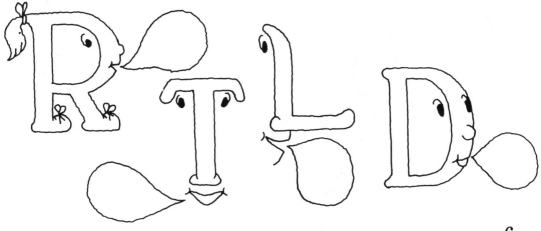

RHYMING SOUNDS

Circle the rhyming sounds in each line.
The first one is done for you.

1 דָרוֹ רֵשׁ דוֹשׁ שֵׁשׁ

2 דַת דַשׁ דוֹלָ לַת

3 שָׁלוֹ לוֹת דוֹת דוֹר

4 לַל שָׁלוֹ דַל דוֹשׁ

5 תֵת שָׁר דוֹרוֹ תָר

CHALLENGE
Write your own Hebrew rhyming sounds.

TONGUE TWISTER
Read these words over and over again as fast as you can.

שׁוֹדֵד שָׁדַר שֵׁד

MAKE YOUR OWN HEBREW WORDS

Read the beginning sounds with the ending sound in the box.

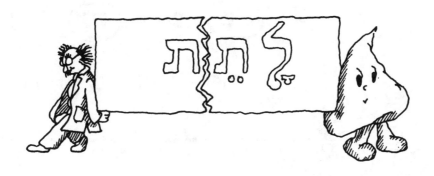

1 לָתֵ
2 שֵׁשֵׁ
3 שָׁרֵ
4 רֵשֵׁ

ת

5 דַלֵ
6 לָדַ
7 שָׁלַ
8 תַּתָּ

ל

9 שׁוֹדֵ
10 שֵׁלֵ
11 רוֹדֵ
12 תֵּרֵ

ד

13 דוֹלָ
14 שָׁתֵ
15 שֵׁדֵ
16 תֵּרֵ

ר

BURST THE BUBBLES

With your eyes tightly shut, aim your pencil point at the drawing below. Wherever your pencil point lands—that is the word you must read. Add the number on the bubble to your score. You have five chances. Play with a friend and see who can get the highest score!

A HEBREW FACTORY

This machine makes Hebrew sounds.
Read the Hebrew words to hear how the machine sounds.
See how fast you can make the machine go.

1 רַשָׁשַׁ דַשַׁשָׁ לַדַד רָת

2 דַלַלָ רָלַל שַׁדָדָ לַת

3 רַתָתֵ רָתַּתֵ רַתַתָּ תַת

4 שָׁלַתַ דַשָׁלַ לָשָׁדַ לַת

Ask a friend to read lines 1 and 2 while you read lines 3 and 4 to hear the sounds of a Hebrew factory.

PRACTICE YOUR HEBREW READING

1 בָּבֶּ בֹּר בּוּל בַּד בַּל

2 בָּרָד דַבֵּר תָּבּוֹר שֶׁלֶד

3 בָּשֵׁל בְּשֶׁל בְּדַל שַׁבָּת

4 דֹב רָב שַׁבָּת שָׁבַת שְׁבוּת

5 דָבָר דַבֵּר דֹבֵר וּדְבַר לוּלָב

6 דֶבֶר שָׁבוּר לוֹבֵשׁ שֶׁבֶת שְׁבָב

7 מוֹר מוֹת מֵת מַת מַר

8 מְדַבֵּר מְדַבֶּרֶת מָרוֹר לוֹמֵד שְׁמוֹ

9 שֶׁמֶשׁ שְׁמוֹת וּשְׁמוֹ שְׁמוֹר שָׁמוּר

10 תַּם רָם שָׁם דָם לוֹם

11 תֹּם שֵׁם בְּשֵׁם לְשֵׁם מֶם

12 שָׁלוֹם לְשָׁלוֹם בַּשָּׁלוֹם מוּם שׁוּם

13 בְּשׁוּם שֶׁמֶשׁ שׁוֹמֵם לְדֹרֹתָם

READING SPEEDOMETER
SLOW
MEDIUM
FAST

PRACTICE . . . PRACTICE . . . PRACTICE!

1 נֵר נֵרוֹת נָד נֶדֶר

2 בָּנוּ וּבָנוּ לָנוּ תַּנוּר

3 נָדַר נְדוֹר נֶבֶל נָמֵר נֵבוֹשׁ

4 בֵּן לָן שֵׁן מַן נוּן

5 נוֹתֵן שֶׁנָתַן לָשׁוֹן שֶׁמֶן רוֹדָן

6 לָלוּן לֹבֶן לְרַנֵן לְשַׁנֵן בּוֹנְבּוֹן

7 גַּג גַּם גַּן גַּנָּן גּוֹל

8 גֶּשֶׁם גֶּבֶר גְּבֶרֶת גְּמֹר גּוֹמֵל

9 גָּדוֹל גּוֹרָל גּוֹרָלֵנוּ גְּמֹר

READING SPEEDOMETER

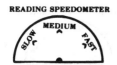

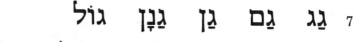

PRACTICE YOUR HEBREW LETTERS

בּ בּ בּ בּ בּ

ב ב ב ב

מ מ מ מ מ

ס ס ס ס ס

נ נ נ נ נ

ן ן ן ן

ג ג ג ג

נוֹתֵן ______

שָׁם ______

מְדַבֵּר ______

מָגֵן ______

HEBREW SOUNDS

Read the English sound in the box.
Circle the Hebrew letter that makes that sound.
The first line is done for you.

B	שַׁבָּת	בּוֹ	לֵב	תָּבּוֹר
SH	שָׁלוֹם	נֵר	שֵׁם	שׁוֹמֵר
V	בָנוּ	דָבָר	בּוֹשׁ	רָב
M	וּשְׁמוֹ	מוּג	גַם	לוֹמֵד
N	נָתַּת	נֵרוֹת	גַנִּי	בָּנוּ
G	גוֹרָלֵנוּ	מוּג	מָגֵן	גְבֶרֶת
D	דָם	רֵד	דוֹר	בְּדַל
R	רָב	מָרוֹר	תֵּן	בּוֹר
T	נוֹתֵן	תֵּן	תַּבּוֹר	שָׁבַת
L	שֶׁל	לוּלָב	גָמָל	שָׁלֵם

RHYMING SOUNDS

Circle the rhyming sounds on each line.
Read each word carefully. There can be more than two rhyming sounds on a line.

1 מֵרוּ בּוֹר לוֹת בּוֹר

2 מַל בּוֹרֵ בֹּרֵ בַּת

3 בָּם לָם בַּל שָׁם

4 בּוֹדָ דֹר בּוֹדוֹ מוֹד

5 שָׁלוֹ שַׁבָּת שַׁמָּשׁ שָׁבַת

CHALLENGE
Write your own Hebrew rhyming sounds.

TONGUE TWISTER
Read these words over and over again as fast as you can.

נַגָּן נִגֵּן נִגּוּן בָּם בּוּם

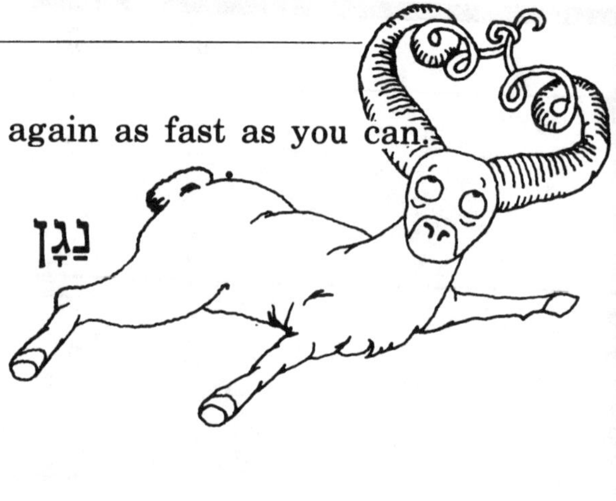

VOWEL SOUNDS

Say the English sound.
Circle the Hebrew vowel that makes that sound.

לוּלָב נוּן מֶנוּ מוֹר	OO
שֶׁלוֹ מוֹרֶה גֶּבֶר מְדַבֶּרֶת	EH
בַּת דָנוּ גַם מַבּוּל	AH
שָׁלוֹם דוֹן גוֹמֵר שֶׁלָנוּ	OH
שְׁמוֹ מְדַבֵּר גְּבֶרֶת לְבָבוֹת	SILENT

Add the vowel to make the Hebrew letter say the same sound as
the English word.

שׁ	Shoe	5	תּ	To	1
נ	No	6	שׁ	Show	2
נ	New	7	ת	Toe	3
ג	Go	8	ר	Row	4

16

A HIDDEN MESSAGE

Can you find the hidden message?
Cross out the letters that appear four times.

נ	מ	ג	ר	ב	ד	ר
ר	ב	ן	ד		ג	ן
ם	וֹ	ל	שׁ	ת	בּ	שׁ
נ	ג	ן	מ	תּ	ב	נ
מ		תּ	ר	נ		ד
ד	תּ	ן	ג	ב	מ	תּ

Put the letters that are left on the lines.

___ ___ ___ ___   ___ ___ ___

Can you read the message?

The hidden message is a Sabbath greeting—שַׁבָּת שָׁלוֹם—

RHYMING RIDDLES

Can you solve the riddles?
Put the rhyming word in each verse to solve the riddles.

A. When a friend comes to your home ____________

To say hello, you say ____________.

B. Say the blessing, sing each note. ____________

Light the candles called ____________.

C. We eat and sing and rest a lot ____________

On the day we call ____________.

D. Do you know your Hebrew name? ____________

In Hebrew we say it's your ____________.

שֵׁם 1
גָּדוֹל 2
שָׁלוֹם 3
נֵרוֹת 4
לוֹמֵד 5
מָרוֹר 6
שַׁבָּת 7
מְדַבֵּר 8

Read each verse aloud to see if it rhymes.
You have solved the riddles!

CHALLENGE
Can you write these Hebrew words in English?

____________ שַׁבָּת
____

____________ שָׁלוֹם
____

____________ נֵרוֹת
____

____________ שֵׁם
____

READING RACE

How fast can you read the words? Time yourself and see if you can read faster and faster. Challenge a friend and see who finishes first.

שָׁב דָבָר רַב מָרוֹר
שְׁמוֹת לוֹמֶדֶת מְדַבֵּר
גוֹמֵל מָגֵן גָדוֹל מְלַבֵּב
בַּשָׁלוֹם שֶׁלוֹ בָּנוּ מַר לָשׁוֹן

PRACTICE YOUR HEBREW READING

1 הֵם הָהֵם הַשַׁבָּת הַגָדוֹל הַשָׁלוֹם

2 לְהַר תְּהִלָה מַשֶׁהוּ בְנֵיהֶם הַגָדָה

3 דוֹדָה שֶׁלָה הֵנָה מֹשֶׁה הוֹגֵן

4 הָבוּ שְׁנֵיהֶם הֶמַם מֵימֵיהֶם מְדֶמֶה

5 חַם חָתוּל חַנוּן חַלָה חַלוֹת

6 חָלָב חוֹר חוֹלֶה חָבֵר חִבּוּר

7 לֶחֶם מָחָר מַחְבֶּרֶת חַמֵי הֶמַם

8 תַּחַת תָּחַב תְּחוּם חָתָן חִתּוּל

9 לוּחַ כֹּחַ מֹחַ רוּחַ מָרוּחַ לָנוּחַ

PRACTICE . . . PRACTICE . . . PRACTICE!

1 יֵשׁ יַיִן יוֹם יָד יֶלֶד יַלְדָּה

2 שְׁנֵי יְהוּדֵי יָדַיִם יָשָׁר הַבַּיְתָה

3 הָיָה יִהְיֶה הַלְלוּיָה דַּיֵּנוּ יְרוּשָׁלַיִם

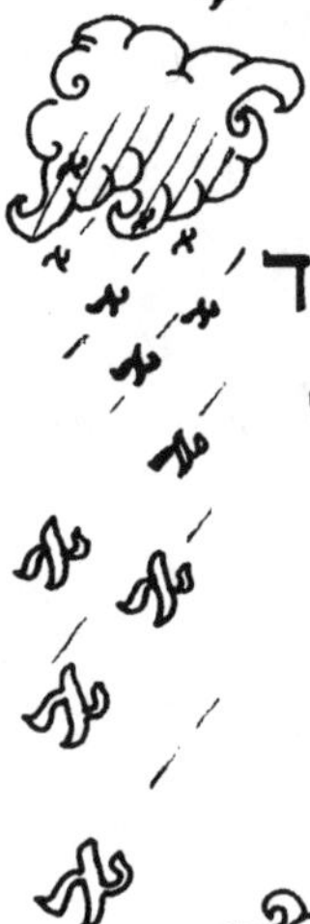

4 אַתְּ אַתָּה אִם אֶל אֵין אָח אֶחָד

5 אוֹמֵר יוֹשֶׁבֶת אוֹהֵב אוֹהֶבֶת מְאֹד

6 אַבָּא אִמָּא חֶמְאָה הַאִם לֹא

7 מְבוֹאוֹ אִיוּר מְבוֹאֵי אוֹמְרֵי גֵּאֶה

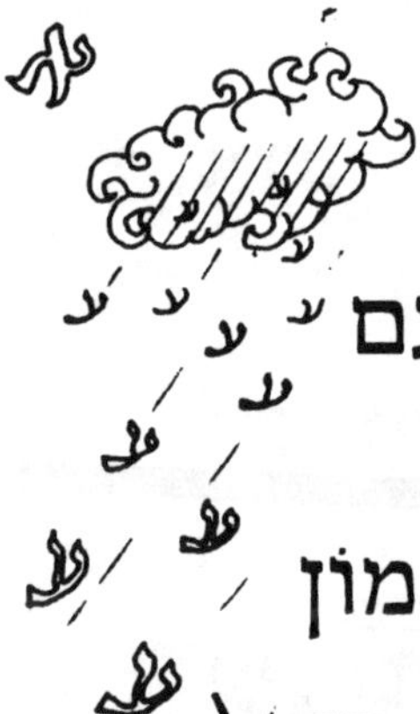

8 עָם עֵת עַל עוֹד עַמּוֹ עֶרֶב

9 עוּגָה מֵעַתָּה לָעַד הָעוֹלָם נֹעַם

10 שָׁעָה שְׁמַע שָׁמַע יוֹדֵעַ מַדּוּעַ

11 שׁוֹמֵעַ לִשְׁמֹעַ רוֹעֵי הֶשָּׁעָה עָמוֹן

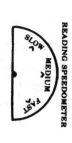

PRACTICE YOUR HEBREW LETTERS

ה ה ה ה

ח ח ח ח

ו ו ו ו

א א א א א

ע ע ע ע

יַיִן

אֶחָד

הַלְלוּיָה

עֵינַיִם

HEBREW SOUNDS

Look at the Hebrew letter in each circle. Draw a box around the sound each letter makes.

R H ה Y N	H T י V Y	B D בּ V H
H N ג G V	B V ב D N	T N נ H G
R D ד N L	N SH תּ B T	M G מ T N
R Y ר SH D	B L ל H D	R D שׁ N SH

MORE HEBREW SOUNDS

One word in each row does not rhyme. Write the word that does not belong in the box. The first one is done for you.

1 שׁוֹתֶה רוֹאֶה מַשֶּׁהוּ מוֹרֶה [מַשֶּׁהוּ]

2 עִתּוֹן תּוֹרֶן עֶלְיוֹן אָדוֹן [ ]

3 שֶׁלֶד עֶבֶד דֶּבֶר יֶלֶד [ ]

4 תַּחַת חַלּוֹת לִהְיוֹת תְּהִלּוֹת [ ]

5 לְשַׁבֵּחַ אוֹרֵחַ אוֹתָהּ מוֹרֵחַ [ ]

6 הֵם שֵׁם נֹעַם לָהֶם [ ]

7 תּוֹרָה מוֹרַת אוֹרָה מוֹרָה [ ]

8 עַבְדֵי מְאוֹרֵי אִמְרֵי מוֹשָׁבוֹ [ ]

TONGUE TWISTER
Read these words over and over again as fast as you can.

גַּנָּן גִּדֵּל דָּגָן בַּגַּן
דָּגָן גָּדוֹל גָּדַל בַּגַּן

RHYMING WORDS

Read this word. מוֹרָה
Circle the number next to each word that rhymes with מוֹרָה.

רְחוֹב 11	דָּבָר 6	דּוֹדָה 1
יַיִן 12	חָיָה 7	בּוּבָּה 2
רַבָּה 13	מָחָר 8	הַיּוֹם 3
	שֶׁלָּה 9	שׁוֹתֶה 4
	תּוֹדָה 10	חַדָּה 5

Connect ONLY the numbers you circled above in this dot-to-dot puzzle. Leave the uncircled numbers out.

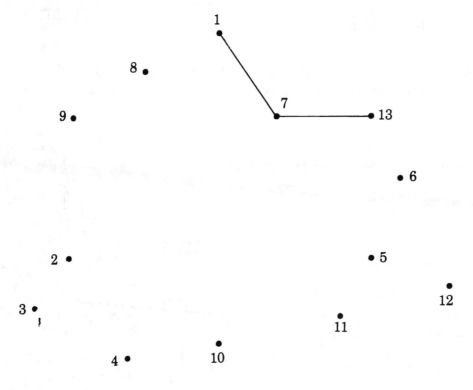

MORE RHYMING RIDDLES

Can you solve the riddles?
Put the rhyming word in each verse to solve the riddles.

A. Solve the riddle. Why not try it? _____

   In Hebrew a house is called a _____.

1   אֶחָד

2   שֻׁלְחָן

3   בַּיִת

4   תּוֹדָה

5   מוֹרֶה

6   חָבֵר

7   לֶחֶם

8   מַחְבֶּרֶת

B. This is what we put things on. _____

   It's a table called _____.

C. Bring to school, now don't forget it, _____

   A Hebrew notebook called _____.

D. It is fun to play and share _____

   With a friend we call _____.

Read each verse aloud to see if it rhymes.
You have solved the riddles!

CHALLENGE
Can you write these Hebrew words in English?

_____

_____

_____

_____

_____

_____

_____

שֻׁלְחָן

חָבֵר

בַּיִת

מַחְבֶּרֶת

26

CLIMB THE LADDERS

See how fast you can climb down one ladder and up the other. Can you do it in one minute?

הַשָּׁמַיִם 22		הַשָּׁרֵת 1
בַּיּוֹם 21		בְּתֵאָבוֹן 2
הַבּוֹחֵר 20		רְאֵה 3
רַחֵם 19		תֹּאַר 4
מֹשֶׁה 18		לְאֵל 5
לִלְמֹד 17		אָב 6
בֵּין 16		עָלֵינוּ 7
נוֹדֶה 15		עוֹלָם 8
הַשָּׁנָה 14		הַדָּבָר 9
גִּדְלָה 13		מְהַלָּל 10
בְּדִבְרֵי 12		עַד 11

Ask a friend to call out a number. See how fast you can read that word. Then test your friend.

PRACTICE YOUR HEBREW READING

1 שִׂים שָׂם שָׂם שָׂרִיד תָּשִׂים
2 יִשְׂרָאֵל יִשָּׂא שַׂי עוֹשֶׂה עָשָׂה
3 מַעַשׂ עֹשֶׂה תַּלְמִיד שְׂמִי שִׂישׂוּ
4 שֶׂתָּשִׂים שִׂיחָה שֶׂיִּשְׂרָאֵל נָשׂוּשׂ

5 קוֹל קָדוֹשׁ קוֹמָה קְנֵה קוֹרֵא
6 קִדּוּשׁ קָרַע קַיָּם קֶרֶן חֻקִּים
7 בֹּקֶר לִקְרֹא לִקְנוֹת בְּבַקָּשָׁה מַדְלִיק
8 עֵמֶק חֻקּוֹתַי חֻקֵּי קַרְנֵי מַקְלִי

9 כִּי כָּבוֹד כְּבוֹד כְּבוֹדוֹ כַּדּוּר כֵּן
10 כֶּלֶב כְּמוֹ כִּתָּה כֻּלּוֹ כְּיִשְׂרָאֵל
11 בַּכֹּחַ כַּבֵּד כִּבּוּד בַּכִּתָּה בַּכֶּרֶם
12 כְּמוֹשִׁיעֵנוּ כַּאדוֹנֵינוּ כַּבֵּן מַלְכָּה

PRACTICE . . . PRACTICE . . . PRACTICE!

1 יָכוֹל בָּכָה נָכוֹן אוֹכֵל אוֹכֶלֶת

2 בָּכֶם לָכֶם בְּרוּכִים הוֹלְכִים לִכְבוֹד

3 לִכְתּוֹב לָלֶכֶת כָּכָה כְּכֶתֶם תְּכֵלֶת

4 בִּכְדֵי מֻכְתָּם שֶׁלָּכֶם שִׂכְלִי כּוֹכָב

5 אֵיךְ לָךְ שֶׁלָּךְ שִׁמֵּךְ אֶרֶךְ מֶלֶךְ

6 בָּרֵךְ בָּרוּךְ לְבָרֵךְ מְבָרֵךְ מְבֹרָךְ

7 יִמְלֹךְ הוֹלֵךְ לְבָבְךָ שִׁמְךָ עַמְּךָ

8 לְךָ כָּמוֹךָ שֶׁלְּךָ מִמֵּךְ

9 זֶה זֹאת זְמַן זוֹכֵר זֵכֶר זִיזֵי

10 גֵּז גָּזַז גּוֹזֵר גַּזְרָן גָּזוֹז

11 זָהָב זְבוּב זְבוּבֵי זִלְזֵל מְזַלְזֵל

12 אֵיזֶה מְזוֹנוֹת מְזוּזָה מָזוֹן זִכָּרוֹן

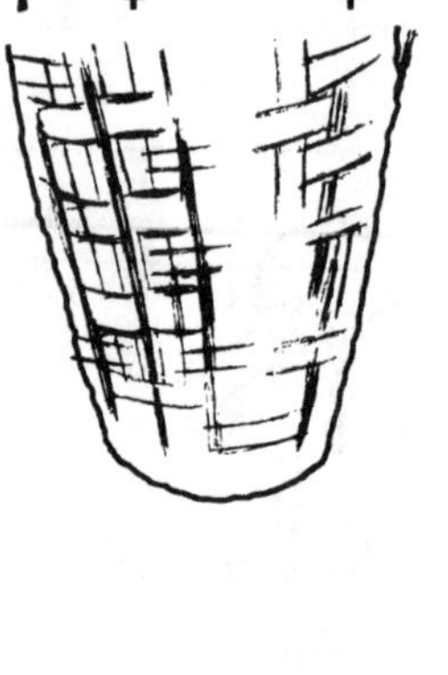

PRACTICE YOUR HEBREW LETTERS

שׁ שׁ שׁ שׁ שׁ שׁ שׁ

ק ק ק ק ק ק

כּ כּ כּ כּ כּ

כ כ כ כ

ךְ ךְ ךְ ךְ ךְ

ז ז ז ז ז

יִשְׂרָאֵל

קִדוֹשׁ

בָּרוּךְ

זִכָּרוֹן

MAKE YOUR OWN HEBREW WORDS

Read the beginning sounds with the ending sound in the box.

1	כָּמֹכָ	ה
2	בְּרָכָ	
3	כַּתּוֹרָ	
4	עֹשֶׂ	

9	בִּשְׁבִיל	ךְ
10	לְשִׁמְ	
11	בֵּיתְ	
12	וּדְבָרְ	

5	שְׁנַיִ	ם
6	דוֹלָרִי	
7	וּמוֹדִי	
8	עִתּוֹנִי	

13	יִתֵּ	ן
14	הַזָּ	
15	לַזְּמַ	
16	הַזִּכָּרוֹ	

VOWEL SOUNDS

Say the English sound.
Circle the Hebrew vowel that makes that sound.

סֻכּוֹת בּוּשָׁה הַחֻקִּים קִשְׁקוּשׁ	OO
רֶשֶׁת לֶקַח בְּעֶזְרַת אוֹכֶלֶת	EH
עָשָׂנִי הַמַּבְדִּיל הִנְחִילָנוּ תַּלְמִיד	AH
לִקְבּוֹעַ תּוֹרָתִי קֹדֶשׁ עֹנֶשׁ	OH
מַדְלִיק בְּרֵאשִׁית מִיָּד עִבְרִית	EE
קִדַּשְׁתָּ בִּשְׁבִילְךְ יִתְבָּרַךְ אִמְרִי	SILENT

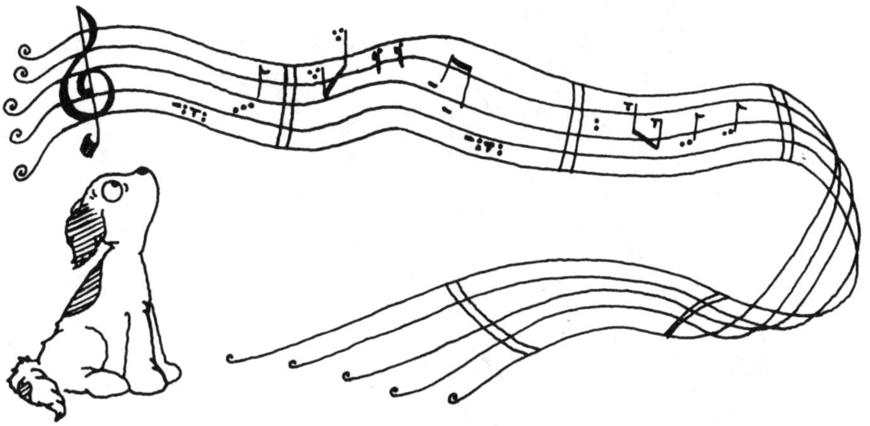

ADD A VOWEL

Add the vowel to make the Hebrew letter say the same sound as the English word.

ד	Die	6	שׁ	Shy	1
ה	Hay	7	ר	Ray	2
שׁ	So	8	תּ	Tie	3
ק	Key	9	מ	May	4
ז	Zoo	10	ל	Lie	5

TONGUE TWISTER
Read these words over and over again as fast as you can.

נָחָשׁ נָשַׁךְ נָחָשׁ

TALKING ANIMALS

Read the sounds that animals make.

1 מוּ 2 רוֹר 3 בַּבַּ 4 מִיאַעוּ 5 הִיהָ

6 הִישׁ 7 גַבֶּל גַבֶּל 8 הוּא 9 קַקָדֶלְדוּ

What do these animals say? Write in their sounds.

DART GAME

With your eyes tightly shut, aim your pencil point at the target below. Wherever your pencil point lands—that is the word you must read. You have five chances.   Add the number to your score. Play with a friend and see who can get the highest score.

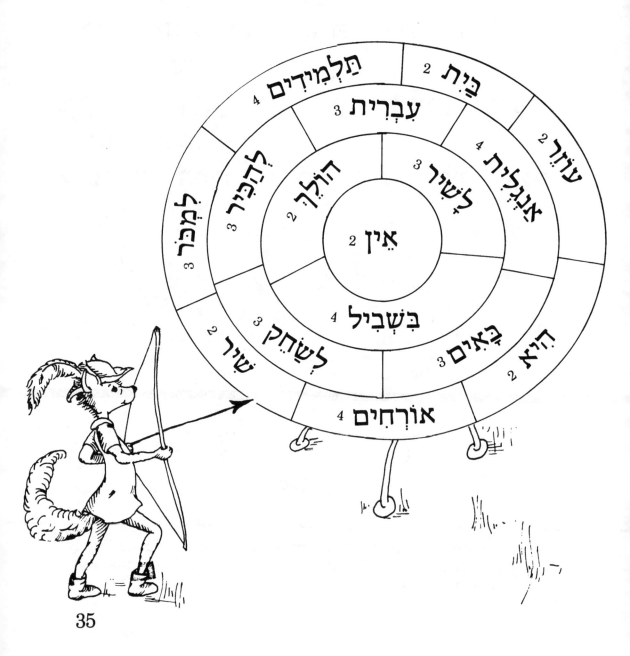

A HEBREW BAND

Read the Hebrew sounds to hear the music.

1 וּמְגגַ בּוּם וּמְגגַ בּוּם וּמְגגַ וּמְגגַ
בָבַ בָבוּם.

2 תּוּת תּוּת רַתּתָ תַּת תֶּת תֶּת
רַתּתָ תָּת.

3 קְלִינְק קְלַנְק זוּם זוּם קְלִינְק קְלַנְק
זוּם שָׁבּוּם.

4 בּוּמְדָדַ בֶּמְדַדָ תּוּת תוּת קְלִיק קְלַק
רַתָּתַ.

See what kind of music you can make. Have a friend read line 1 out loud while you read line 2 at the same time. See how fast you can make the band play.

PRACTICE YOUR HEBREW READING

1 טוֹב טוֹבִים טָהוֹר קָטָן קְטָנוֹת

2 נְטִילַת שֶׁלֶט מֶלֶט שָׁטָה וּבְטוּבוֹ

3 מָט מִטָה מַטְבֵּעַ טָמַן טִמְטוּם

4 פֶּה פִּיוֹת פֶּרַח פְּרִי פְּרָחִים

5 פֶּנַק כִּפָּה חוּפָּה אַפִּים מִתְפַּלֵל

6 פְּנֵי פַּעַם לְהִתְפַּלֵל הַפּוֹרֵשׁ מִשְׁפָּטִים

7 יָפֶה נֶפֶשׁ תְּפִלָתִי תְּפִילוֹת אֵיפֹה

8 אֶפְשָׁר אוֹפֶה לִפְנֵי הַגָּפֶן דֹּפֶק

9 נַפְשְׁךְ נִפְלָא כְּפִיר שׁוֹפֵט תְּפִלִין

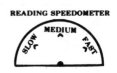

READING SPEEDOMETER
MEDIUM
SLOW
FAST

PRACTICE . . .

PRACTICE . . .

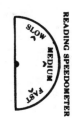

READING SPEEDOMETER
SLOW
MEDIUM
FAST

PRACTICE . . .

1 אַף חוֹף שָׂרָף חָטַף קָטַף

2 קוֹף שָׁלַף אַשָּׁף חָרִיף הֶחְרִיף

3 הַרְדּוֹף מִחוֹף מָחוֹךְ מָכוֹן לְהִתְעַטֵּף

4 צוּר צֵא צִיּוֹן צָבָא צְבָאָם

5 צֶדֶק צְדָקָה רוֹצֶה בֵּיצָה מַצָּה

6 צָרִיךְ הַמּוֹצִיא צִיצִית יְצִיאָה

7 עֵץ קֵץ רוּץ מִיץ אֶרֶץ

8 רָצוּץ עָצִיץ מֵלִיץ אַמִּיץ יוֹעֵץ

9 חָמֵץ חוֹפֵף הוֹלֵךְ פָּרַץ שָׂרַף

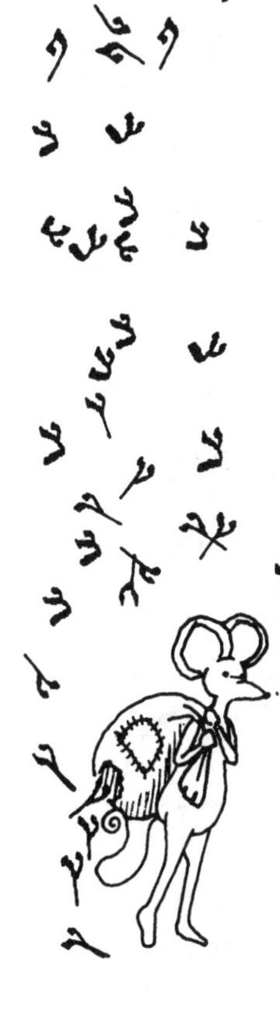

AND PRACTICE SOME MORE!

1 וָרוֹד וְאֵת וְאַל וָו וְשַׁבָּת

2 וַיִּשְׁמֹר וְנָתַן וְהָאָרֶץ וַיְכֻלּוּ וְאָהַבְתָּ

3 וְשָׁמְרוּ מִצְוָה מִצְוֹתֶיךָ בְּמִצְוֹתָיו

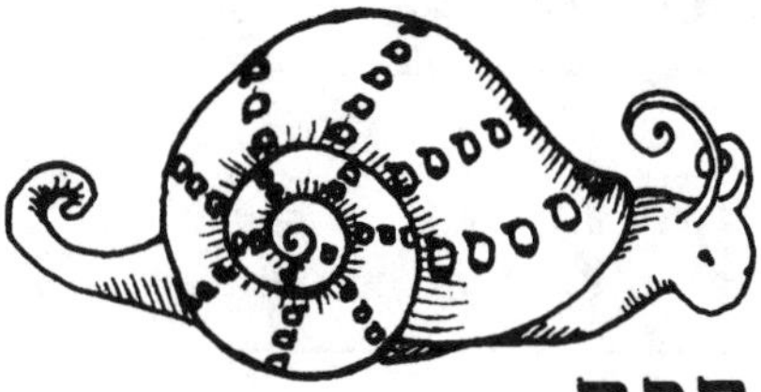

4 סֶלָה סֵפֶר סִדּוּר סֻכָּה סֻכַּת

5 כִּיס סַבָּא סַבְתָּא כֶּסֶף כְּנֶסֶת

6 חֶסֶד נִסִּים סַם קֶסֶם חוֹסֵם

PRACTICE YOUR HEBREW LETTERS

ט ט ט ט ט ט

פּ פּ פּ פּ פּ פּ

פ פ פ פ פ

ף ף ף ף ף

צ צ צ צ צ

ץ ץ ץ ץ

ן ן ן

ס ס ס ס ס ס

הִתְעַטֵף ______ נִסִים ______

הָאָרֶץ ______ רִצְפָּה ______

THE SAME SOUND

Read the English sound in the box.
Circle the Hebrew letter that makes that sound.
(Remember: Two Hebrew letters can make the same sound!)

T	עַצְמוֹתַי	בִּיצִיאַת	הַשֹּׁפֵט	מִשְׁפָּט
S	לַעֲסוֹק	לְמַעֲשֵׂה	חֲסִידָיו	מַעֲשֶׂיךָ
V	יַעֲקֹב	וַאֲשֶׁר	אַהֲבָה	וַאֲנַחְנוּ
K	וְקַיָּם	וְקֵרַבְתָּנוּ	כִּסֵּא	כּוֹתֵב

TONGUE TWISTER
Read these words over and over again as fast as you can.

שָׂרָה שָׂרָה שִׁיר שָׂמֵחַ

RHYMING SOUNDS

Read the three words on each line.
Circle the two words that sound the same.

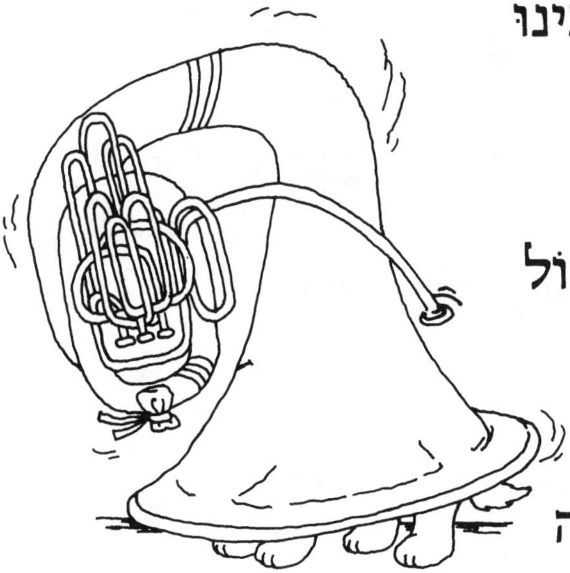

1 שִׂמְלָה סִמְלָה שִׂסְלָה

2 עָוִינוּ הָבִיאוּ אָבִינוּ

3 וָו בָב שָׁב

4 רַמְקוֹל הַכֹל הַקוֹל

5 כְּחוֹל יָכוֹל כְּכֹל

6 אִתָּה עַתָּה אַתָּה

CHALLENGE
Write the Hebrew letter that sounds the same as each of these Hebrew letters.

א ___ ח ___ ב ___

ט ___ ק ___ שׂ ___

HEBREW ANIMALS

How many animals do you know in the Hebrew zoo?
Write the animal's name on the cage.

1 זֶבְּרָה 2 קֶנְגָּרוּ 3 בֵּיבָר 4 לָמָה 5 גּוֹרִילָה

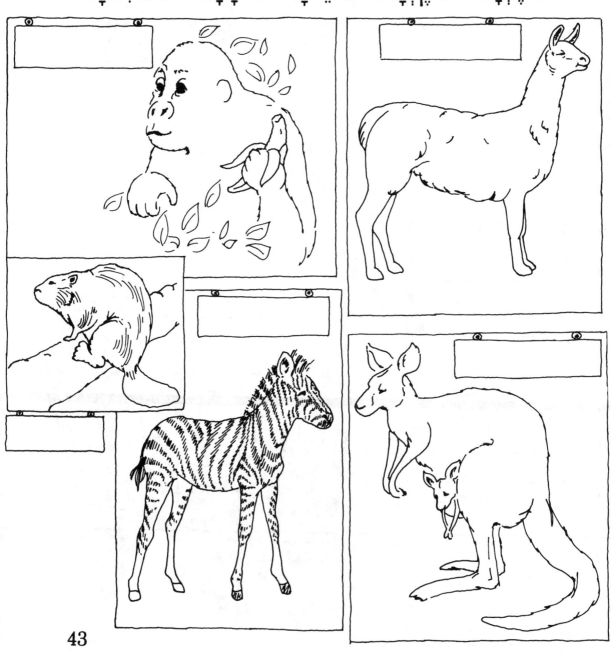

THE SUPERMARKET

You can find these Hebrew words in the סוּפֶּרְמַרְקֶט.

1 בָּנָנָה 2 סְפַּגֶטִי 3 קוֹקָה קוֹלָה 4 פִּיצָה

5 קוֹרְן פְלֵיקְס 6 קָפֶה 7 פַּפְּקוֹרְן

8 חַלָּה 9 פֶּפְּסִי

Write the things you want to buy on your shopping list.

MY SHOPPING LIST

SILENT LETTERS

Put a circle around each silent letter.

1 שְׁמַע מְלֹא לֵאלֹהִים

2 צֶלַע קֶבַע וַיֹאמֶר

3 הָיָה יַלְדָה פָּתְחָה

4 קֶרַע מַדְלִיָקה לֹא

5 פֶּלֶא דֶשֶׁא לֵאמֹר

WATCH OUT

How carefully can you read?
Circle each ו that sounds like the English letter "V".

מִצְוֹת בְּמִצְוֹתָיו בְּמִצְוֹתֶיךָ

עֲוֹנוֹת עֲוֹנוֹתֵינוּ לַעֲוֹנוֹתֵינוּ

תִּקְווֹת תִּקְווֹתֵינוּ תִּקְווֹתַי

אֹהֲבָיו רַוָּקוֹת רִוְיוֹן גּוֹיִים

מַעֲשָׂיו עָוֹן שַׁוְעָתוֹ קוֹרְאָיו

אִינִי מִינִי מַיְנִי מוֹ

When you can't make up your mind which one you want to choose, you point and say:

אִינִי מִינִי מַיְנִי מוֹ

קָפֶה
וָנִיל
שׁוֹקוֹלָדָה

This is what children in Israel say:

1 אֶן דֶן דִי נוֹ
2 סוֹפָה לָה קָטִינוֹ
3 סוֹפָה לָה קָטִי קָטוֹ
4 אֶלִיק בֶּלִיק בּוֹם

Point as you read the four Hebrew lines.

Which flavor ice cream did you choose?

HEBREW GEOGRAPHY

Read the Hebrew names of the cities.
Circle the cities that are in אֲמֶרִיקָה.
How many of the cities are in יִשְׂרָאֵל? ________

1 לוֹנְדוֹן
2 נְיוּ־יוֹרְק
3 תֵּל־אָבִיב
4 פָּרִיז
5 אַמְשְׂטֶרְדָם
6 מֶקְסִיקוֹ סִיטִי
7 לַאס וֶאגָס
8 בּוֹסְטוֹן
9 חֵיפָה
10 הוֹנְג קוֹנְג
11 פִּילָדֶלְפְיָה
12 הָבָנָה
13 סַן־פְרַנְסִיסְקוֹ
14 דֶנְבֶר
15 שִׁיקָגוֹ
16 אַטְלַנְטָה
17 יְרוּשָׁלַיִם
18 אֵילַת
19 בֶּרְלִין
20 לֶנִינְגְרַד

Put your home town on the map. Can you write the name of your town in Hebrew? ________________

____

NAME THE PICTURE

Read these eight Hebrew words.

1 כִּפָּה   2 טַלִּית   3 מְזוּזָה   4 תְּפִלִּין

5 שׁוֹפָר   6 חַלָּה   7 תּוֹרָה   8 סִדּוּר

Can you write the correct word under each picture?

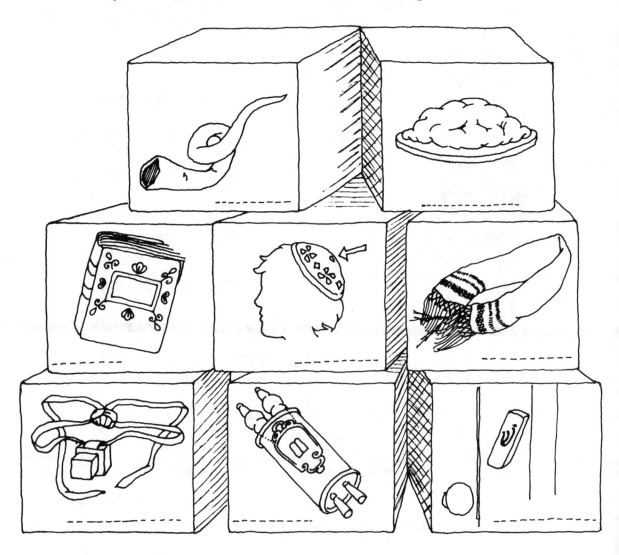

MARCHING CHEER

This is what Israeli children shout as they march along:

1 הֵי וִי ווֹ

2 הֵי וָה ווֹ

3 הֵי וִי ווֹ וָ ווֹ ווּ

4 הֵי

5 מֶפְטִי בֶּפְטִי

6 בַּלָלָךְ מֶפְטִי

7 שִׁינְגָלֶה מִינְגָלֶה

8 לוּף לוּף לוּף!

Can you make up your own marching cheer in Hebrew? Write it here.

HEBREW CODE

Here is a holiday question. Use the code to read the question.

CODE

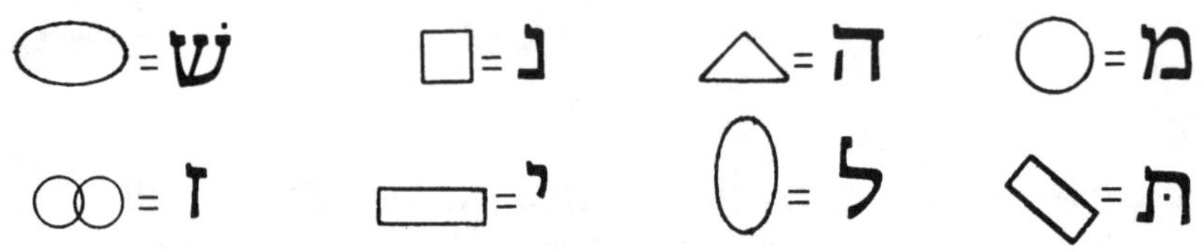

○ = שׁ   □ = נ   △ = ה   ○ = מ

∞ = ז   ▭ = י   ◯ = ל   ◇ = ת

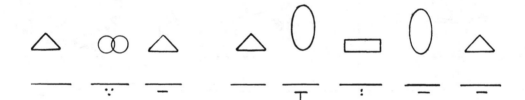

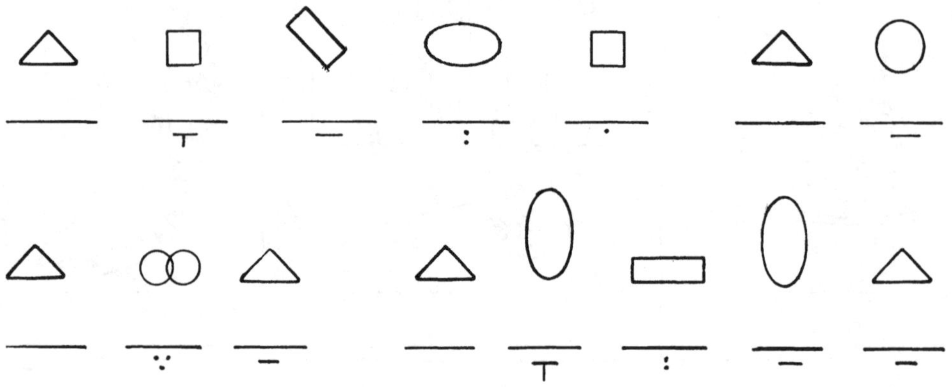

Read these Hebrew words. Cross out the words that do not belong to Passover.

שׁוֹפָר   סֵדֶר   הַגָּדָה   פֶּסַח

אֲפִיקוֹמָן   חֲרוֹסֶת   חַלָּה   מַצָּה

51

HOLIDAY NAMES

Read the names of these six holidays.

שָׁבוּעוֹת פּוּרִים סוּכּוֹת

שַׁבָּת פֶּסַח חֲנוּכָּה

Can you write the correct holiday under each picture?

Write the name of your favorite holiday here.

OUR CALENDAR

Look across and down and circle the names of the Hebrew months.

Which Hebrew month couldn't you find?

____

____

ת	ר	ד	א	שׁ	ח	ר	צ	בּ
פּ	נ	שׁ	י	ר	שׁ	תּ	ד	נ
ה	ס	ב	ר	ה	ו	מ	ק	י
ת	ב	ט	ר	ז	ן	ו	י	ס
ע	ג	ל	ו	ל	א	ז	ח	ן
ד	ו	ל	ס	כּ	מ	ט	מ	ל

סִיוָן	9	שְׁבָט	5	תִּשְׁרֵי	1
תַּמּוּז	10	אֲדָר	6	חֶשְׁוָן	2
אָב	11	נִיסָן	7	כִּסְלֵו	3
אֱלוּל	12	אִיָּר	8	טֵבֵת	4

TIC TAC TOE

Play טִיק טַק טוֹ with a friend.
Before you make X or O you have to read the word in the square.

תוֹרָה	שָׁלוֹם	סֵפֶר
אֵין	שׁוֹפָר	הִיא
אַל	אֶתְרוֹג	חָבֵר

גְמִילוּת	בָּחַר	שֵׁן
בְּרֵאשִׁית	עֶבֶד	עִם
דַיֵּנוּ	נוֹרָא	גִיר

בּוֹא	נֵרוֹת	לוּלָב
סִדּוּר	שֻׁלְחָן	קִיר
שָׁנָה	טַלִּית	אָמֵן

CHALLENGE
Make your own Hebrew
טִיק טַק טוֹ board.

HEBREW NAMES

Do you know people with these names?
Can you find your Hebrew name?

אוֹרָה   רוּת   דָוִד   דִינָה   אַבְרָהָם

יוֹסֵף   שִׁמְעוֹן   מֹשֶׁה   לֵאָה   שָׂרָה

Here are some more names to read.

1	לֵוִי	8	אֶסְתֵּר
2	זְאֵב	9	חַנָה
3	אוּרִי	10	רָחֵל
4	דָן	11	רִבְקָה
5	יַעֲקֹב	12	דְבוֹרָה
6	יוֹסִי	13	דִינָה
7	יוֹאֵל	14	מִרְיָם

Practice writing your Hebrew name here.

NOW I CAN READ THE BLESSINGS

BLESSING OVER SABBATH CANDLES

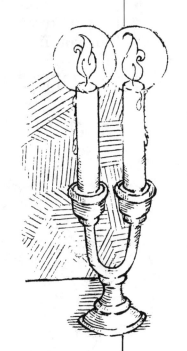

1 בָּרוּךְ אַתָּה יְיָ
2 אֱלֹהֵינוּ מֶלֶךְ הָעוֹלָם
3 אֲשֶׁר קִדְּשָׁנוּ בְּמִצְוֹתָיו
4 וְצִוָּנוּ לְהַדְלִיק נֵר
5 שֶׁל שַׁבָּת.

BLESSING OVER WINE

1 בָּרוּךְ אַתָּה יְיָ
2 אֱלֹהֵינוּ מֶלֶךְ הָעוֹלָם
3 בּוֹרֵא פְּרִי הַגָּפֶן.

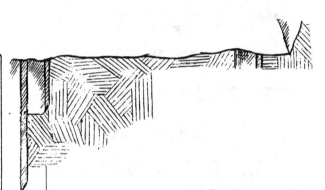

BLESSING OVER BREAD

בָּרוּךְ אַתָּה יְיָ 1

אֱלֹהֵינוּ מֶלֶךְ הָעוֹלָם 2

הַמוֹצִיא לֶחֶם מִן הָאָרֶץ. 3

BLESSING ON SPECIAL OCCASIONS

בָּרוּךְ אַתָּה יְיָ 1

אֱלֹהֵינוּ מֶלֶךְ הָעוֹלָם 2

שֶׁהֶחֱיָנוּ וְקִיְמָנוּ וְהִגִיעָנוּ 3

לַזְמַן הַזֶה. 4

I CAN READ THE SH'MA

1 שְׁמַע יִשְׂרָאֵל יְיָ אֱלֹהֵינוּ יְיָ אֶחָד.

2 בָּרוּךְ שֵׁם כְּבוֹד מַלְכוּתוֹ לְעוֹלָם וָעֶד.

3 וְאָהַבְתָּ אֵת יְיָ אֱלֹהֶיךָ

4 בְּכָל לְבָבְךָ וּבְכָל נַפְשְׁךָ וּבְכָל מְאֹדֶךָ.

5 וְהָיוּ הַדְּבָרִים הָאֵלֶּה

6 אֲשֶׁר אָנֹכִי מְצַוְּךָ הַיּוֹם עַל לְבָבֶךָ.

7 וְשִׁנַּנְתָּם לְבָנֶיךָ וְדִבַּרְתָּ בָּם

8 בְּשִׁבְתְּךָ בְּבֵיתֶךָ וּבְלֶכְתְּךָ בַדֶּרֶךְ

9 וּבְשָׁכְבְּךָ וּבְקוּמֶךָ.

10 וּקְשַׁרְתָּם לְאוֹת עַל יָדֶךָ

11 וְהָיוּ לְטֹטָפֹת בֵּין עֵינֶיךָ.

12 וּכְתַבְתָּם עַל מְזֻזוֹת בֵּיתֶךָ וּבִשְׁעָרֶיךָ.

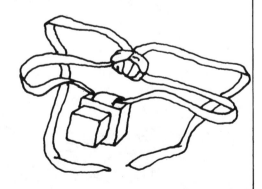

58

I CAN READ THE TORAH BLESSINGS

1 בָּרְכוּ אֶת יְיָ הַמְבֹרָךְ.

2 בָּרוּךְ יְיָ הַמְבֹרָךְ לְעוֹלָם וָעֶד.

3 בָּרוּךְ אַתָּה יְיָ אֱלֹהֵינוּ מֶלֶךְ הָעוֹלָם

4 אֲשֶׁר בָּחַר בָּנוּ מִכָּל הָעַמִּים

5 וְנָתַן לָנוּ אֶת תּוֹרָתוֹ

6 בָּרוּךְ אַתָּה יְיָ נוֹתֵן הַתּוֹרָה.

I CAN ASK THE FOUR QUESTIONS

1   מַה נִּשְׁתַּנָּה הַלַּיְלָה הַזֶּה מִכָּל הַלֵּילוֹת?

2   שֶׁבְּכָל הַלֵּילוֹת אָנוּ אוֹכְלִין חָמֵץ וּמַצָּה

3   הַלַּיְלָה הַזֶּה כֻּלּוֹ מַצָּה.

4   שֶׁבְּכָל הַלֵּילוֹת אָנוּ אוֹכְלִין שְׁאָר יְרָקוֹת

5   הַלַּיְלָה הַזֶּה מָרוֹר.

6   שֶׁבְּכָל הַלֵּילוֹת אֵין אָנוּ מַטְבִּילִין

7   אֲפִילוּ פַּעַם אֶחָת

8   הַלַּיְלָה הַזֶּה שְׁתֵּי פְעָמִים.

9   שֶׁבְּכָל הַלֵּילוֹת אָנוּ אוֹכְלִין

10   בֵּין יוֹשְׁבִין וּבֵין מְסֻבִּין

11   הַלַּיְלָה הַזֶּה כֻּלָּנוּ מְסֻבִּין.

אֵין כֵּאלֹהֵינוּ I CAN READ

1	אֵין כֵּאלֹהֵינוּ	אֵין כַּאדוֹנֵינוּ
2	אֵין כְּמַלְכֵּנוּ	אֵין כְּמוֹשִׁיעֵנוּ
3	מִי כֵאלֹהֵינוּ	מִי כַאדוֹנֵינוּ
4	מִי כְמַלְכֵּנוּ	מִי כְמוֹשִׁיעֵנוּ
5	נוֹדֶה לֵאלֹהֵינוּ	נוֹדֶה לַאדוֹנֵינוּ
6	נוֹדֶה לְמַלְכֵּנוּ	נוֹדֶה לְמוֹשִׁיעֵנוּ
7	בָּרוּךְ אֱלֹהֵינוּ	בָּרוּךְ אֲדוֹנֵינוּ
8	בָּרוּךְ מַלְכֵּנוּ	בָּרוּךְ מוֹשִׁיעֵנוּ
9	אַתָּה הוּא אֱלֹהֵינוּ אַתָּה הוּא אֲדוֹנֵינוּ
10	אַתָּה הוּא מַלְכֵּנוּ אַתָּה הוּא מוֹשִׁיעֵנוּ

61

I CAN WRITE SCRIPT

א	א	א
בּ	בּ	בּ
ב	ב	ב
ג	ג	ג
ד	ד	ד
ה	ה	ה
ו	ו	ו
ז	ז	ז
ח	ח	ח
ט	ט	ט
י	י	י
כּ	כּ	כּ
כ	כ	כ
ךְ	ךְ	ךְ
ל	ל	ל

מ	מ
ם	ם
נ	נ
ן	ן
ס	ס
ע	ע
פּ	פּ
פ	פ
ף	ף
צ	צ
ץ	ץ
ק	ק
ר	ר
שׁ	שׁ
שׂ	שׂ
תּ	תּ
ת	ת

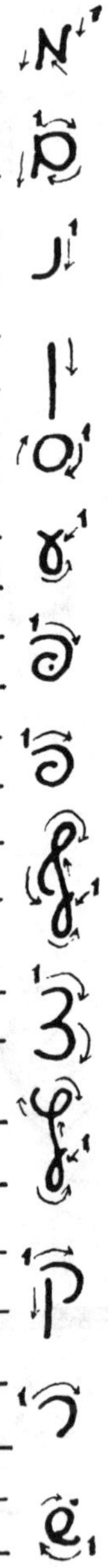

Certificate of Achievement

Name

can read hebrew

_____ | _____ | _____

Teacher | School | Date